知ろう！学ぼう！障害のこと

自閉スペクトラム症
のある友だち

監修 笹田哲
（神奈川県立保健福祉大学 教授／作業療法士）

はじめに

自閉スペクトラム症のある友だちがいる君へ

　こんにちは。私は、障害のある方が健やかに生活できるように、心と体のサポートをしている作業療法士です。日々、障害のある子どもたちと向き合いながら、障害のある子どもに体の動かし方を教えたり、学校の先生に接し方を指導したりしています。

　自閉スペクトラム症は、障害の中でも"発達障害"と呼ばれる、生まれつき脳の働きにかたよりのある、"目に見えない障害"です。障害のあることがなかなか理解してもらえないために、「どうして、そんなことをするの?」「ほかの子とちょっとちがうみたい」と不思議に思われて、傷ついている人が多くいます。そういったまわりの人の声や行動から、集団生活にうまくなじめずに、クラスの中で浮いた存在になってしまう人を私はたくさん見てきました。

　また、自閉スペクトラム症のある友だちには、知的障害のある友だちと、知的障害のない友だちがいます。どちらもことばの使い方や感情表現、物事を理解する力などを身につけることが苦手で、学校生活や日常生活を送る中で、それぞれに困っていることがあります。

　この本を通して、友だちの"気になる行動"は障害の特徴のひとつにすぎないんだということを知ってほしいと思います。きっと、今よりももっと親しみを持って、自閉スペクトラム症のある人たちと接することができるようになるはずです。

監修／笹田 哲（神奈川県立保健福祉大学 教授／作業療法士）

※「障害」の表記については多様な考え方があり、「障害」のほかに「障がい」などとする場合があります。この本では、障害とはその人自身にあるものでなく、言葉の本来の意味での「生活するうえで直面する壁や制限」ととらえ、「障害」と表記しています。
※「自閉スペクトラム症」は、自閉症やアスペルガー症候群などを統合した診断名です。ほかにも「自閉症スペクトラム」「自閉症スペクトラム障害」などと呼ばれています。この本では「自閉スペクトラム症」で統一しています。

もくじ

| インタビュー | 自閉スペクトラム症と向き合う友だち | 4 |

1. 自閉スペクトラム症って何？ … 6
2. 自閉スペクトラム症のある友だち① … 8
3. 知的障害って何？ … 14
4. 自閉スペクトラム症のある友だち② … 15
5. 進路と学校の取り組み … 18

| コラム | 特別支援学校の取り組み | 20 |

6. 苦手をサポートする道具 … 22
7. 地域のサポート … 24
8. 社会で働くために … 26
9. 仲よくすごすために … 28
10. 目に見えない障害 … 32
11. 心のバリアフリー … 33

文字が書きやすくなる姿勢トレーニング … 34
支援する団体 … 36
さくいん … 37

インタビュー 自閉スペクトラム症と向き合う友だち

石井知行くんは人なつっこくて、体を動かすことが大好きな中学2年生。
自閉スペクトラム症の特徴があり、狛江市にある中学校の特別支援学級に通っています。

Q.1 好きなことはなんですか？

A 道路標識やピクトグラムを覚えること。

お父さんのコメント
図形を覚えることが得意で、ドライブ中に見つけると、すぐに道路標識を読み分けています。また、ゲームやマンガも大好きです。

高速道路の標識が1番好きだという。

Q.2 きらいなことはなんですか？

A うるさいところはきらいです。

お父さんのコメント
聴覚がびんかんなので、人ごみの中が苦手なようです。また、高い音や子どもたちのさわぎ声、おこったような強い声もきらいです。

人ごみでは気分が悪くなってしまう。 「shigemi okano /Shutterstock.com」

Q.3 楽しかった学校行事は？

A 合唱祭です。

お父さんのコメント
クラスのみんなで歌った「Change！」という曲がお気に入りのようです。歌うことが好きで、家でも歌っています。

楽しそうにインタビューに答えてくれた。

和だいこの発表会。

家でも和だいこの練習中。

Q.4 学校で困ったことは？

A ありません。

お父さんのコメント
特別支援学級に通っているので、クラスメイトはみな、よき理解者ばかり。2歳からずっと仲よしの友だちも。

Q.5 楽しい授業はありますか？

A 和だいこの練習です。

お父さんのコメント
授業の一環として、和だいこの演奏をしています。リズムに乗って、ばちを操るのが得意です。家でもエアー和だいこで練習しています。

Q.6 将来の夢はなんですか？

A 狛江園芸で働きたい。

お父さんのコメント
先日、上級生の園芸農家での仕事体験の報告を聞きました。祖父が近所で農業をしているのを、よく手伝っていることもあり、農業に興味を持ったのかもしれません。

先生との連絡帳は、学校生活や1日のふり返りもマスに合わせて書けるようになっている。

エアー和だいこ中の知行くん。

＊年齢は取材当時のものです。

part 1

自閉スペクトラム症って何？

自閉スペクトラム症のある友だちは、マイペースで他人に関心がうすく、人よりも物が好きな子が多いようです。それは、脳や脊髄にある神経の働きに、生まれつきかたよりがあるからです。

1 自閉スペクトラム症のある友だちが苦手なこと

人とうまくつき合うこと

友だちとおしゃべりしたり、遊んだりするよりも、好きなおもちゃで遊んでいるほうが好き。ひとりでいてもさびしくありません。

- 休み時間はひとりですごしたい
- 外遊びより本を読んでいるほうが好き
- 遊びには自分なりのルールがある

コミュニケーションを取ること

ほかのことに気を取られてしまうので、相手が自分に話しかけているのに気づかなかったり、会話がかみあわなくなったりします。

- おこられても、おこられている意味がわからない
- 話しかけても聞こえてない
- 冗談や悪口の意味が伝わりにくい

突然の状況に対処すること

想像することが苦手で、いつもとちがう状況だと、何をしたらよいのかがわからなくなります。次に起こることがわかっていれば安心できます。

- 目覚まし時計がいつもの場所になくてパニック
- 雨降りで遠足が中止になったのでおこり出す
- 通学路が工事中で通れないといった、不測の事態に困って泣き出す

特定の感覚に対応すること

手にふれる感覚、耳で聞く感覚、食べ物を味わう感覚などがとてもするどかったり、にぶかったりするため、人とちがった反応を示します。

・大きな音にパニックになる
・人にさわられるといやがる
・すっぱいものなど、特定の食材が食べられない

イメージ通りに体を動かすこと

頭でイメージしたように手足を動かせないから、物にぶつかることがあります。運動やスポーツ、手先の細かい作業が苦手です。

・すぐに物にぶつかる
・体育の授業が苦手
・ジグソーパズルが苦手

考えてみよう　こんな思い込みはしてないかな？

☐ わがままなのかな？　　☐ 変わり者なのかな？
☐ めんどうくさい性格だな。　☐ 自分勝手だな。

2　自閉スペクトラム症の原因は何かな？

　自閉スペクトラム症は、中枢神経の働きに生まれつきかたよりがあることが原因だと考えられています。中枢神経とは、脳と脊髄を中心とした神経のことで、その人の目や耳、皮ふなどからことばや音、味、痛みなどの情報を受け取ったり、口や舌にことばを話す命令や、体の各部分を動かす命令を出したりしています。この一連の働きがうまくいかないと、情報や命令が正しく脳に伝わりません。

　このような中枢神経の働きのかたよりが、自閉スペクトラム症ならではの感じ方、考え方につながっていると考えられています。
　自閉スペクトラム症には知的障害がない人と、ある人がいます。知的障害がない場合、高機能自閉症やアスペルガー症候群などと呼ばれることもあります。知的障害については、14ページで詳しく紹介しています。

part 2

自閉スペクトラム症のある友だち①

自閉スペクトラム症のある友だちは、授業中や休み時間に、いろいろなことで困っています。まわりの子どもたちは気づきにくいので、ここで友だちの気持ちを考えてみましょう。

1 いつもひとりで本を読んでいるよ
遊びにさそったのに無視されちゃった

友だちは外に遊びに行こうってさそうけど、ぼくは教室で本を読んでいるほうが好きなんだよ。じゃましないでよね。

人とコミュニケーションをとるのが苦手なので、友だちと一緒に遊ぶより、ひとりでいるほうが落ち着くようです。

外で遊ぼーぜ

考えてみよう　どうして ひ と り が 好 き なのかな？

　自閉スペクトラム症のある子どもは、赤ちゃんのころから人への関心が少ないため、親があやしてもあまり反応しません。幼稚園や小学校に入っても、友だちと一緒に遊んだり、集団のルールにしたがったりすることが苦手なので、ひとりの時間をほしがります。これは親や友だちがきらいだからではなく、ひとりでいるほうが心地よいからです。

　自閉スペクトラム症のある友だちの中には、とても人なつっこいタイプの子どもがいます。初対面でもものおじせずに話しかけ、スキンシップを取ろうとするので、相手はびっくりすることがあります。これは、親しい人とそうでない人の区別がつきにくく、相手とのほどよい距離感がつかめないからです。これもその友だちの特徴として、受け止めましょう。

2 目線が合わない……。無視されたのかな?

話しかけたのに、興味がないみたい

あれ!? ぼくに言っているの? ぼく、音にびんかんだから、いろいろな音や声が混ざって聞こえちゃうんだ。だから、声をかけられても気がつきにくいんだ。

ねえ、ねえ

耳の聞こえ方がびんかんな子は、大きな音がする場所や、ざわざわとうるさい場所では音を聞き分けることが難しい場合もあります。

3 おこっているのかな?

みんなでわいわい楽しく給食を食べてるのに、静かだなあ

これ、おいしいな! すごく気に入った! 給食のメニュー、いつも好きなものが出たらいいのになぁ。

おいしかった
プリン

感情を表に出すことが苦手なので、何を考えているのかわからず、まわりの人が不安になることがあります。

4 SOSが出せない
となりの席の友だち、ノートをぐちゃぐちゃにしてるよ

あっ！ 消しゴム、忘れちゃった。どうしよう。となりの席の子に消しゴム、貸してほしいけど言えない。いいや！ 手で消しちゃえ。

困っていて、助けてもらいたい場面でも、だれにどのように伝えればいいのかがわからず、無理してしまうことがあります。

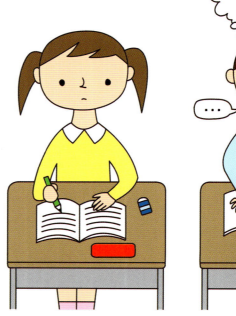

5 どうして教室に入ってこないの？
教室の前で、さっきからうろうろしているよ

ガタゴトと大きな音がしたり、みんなの声がうるさかったりすると、こわくて入っていけないの。静かな教室なら入っていけるのに……。

聴覚がびんかんなため、人がたくさんいてさわがしい空間が苦手。早めに登校して、人が少ないうちに教室に入ってしまえば平気な場合もあります。

6 自分のことばかり話すよ
同じ話ばっかりで、あきちゃったよ

だって、すごく楽しかったから、何度でも話したくなるの。○○くんがめいわくそうだって？ だったら「その話、やめて」って言ってよ。

相手の表情（ひょうじょう）から気持ちを読み取ったり、自分がどう思われているのかを想像（そうぞう）したりすることが苦手。場のふんいきをくみ取れないと思われることも。

7 じょうだんがわからない
わかりやすいうそなのに、ずっと信じてるんだ

すごいな！ 楽しみだな！ ワクワクしちゃう。なのに、お母さんったら、「それはじょうだんだよ」って言うんだ。ちがうよ、本当のことだよ。

言われたことをそのまま受け取ってしまうので、じょうだんや例え話、お世辞（せじ）が通じにくいことがあります。

8 時間にすごくうるさい
少しおくれただけなのに、おこりすぎじゃない?

昨日、「7時に待ち合わせ」って言ったじゃない! だから、私は時間通りに来たのに。約束したのに破るなんて、許せないわ!

予定通りに行動すると安心できるのに、予定外の出来事が起こると気持ちが乱れ、感情的になることがあります。

9 予定が変更になって大さわぎ
ぼくだって残念だけど、悲しみすぎじゃないの?

今日は運動会なのに! 楽しみにしていたのに、中止なんてありえない! 雨が降っていたって、運動会はできるはず。

「雨が降ったら中止」と前もって聞いていたとしても、楽しみにしていた行事だったので、気持ちを切りかえるのに時間がかかるのです。

遊具にうまく乗れないみたい
みんなすいすいのぼれるのに、ひとりだけのぼれないみたい

みんな、どうして上手にのぼれるんだろう……。ぼくがのぼろうとすると、どうしても、足がぶつかったり、手がひっかかったりするんだよ。

思った通りに体を動かすのが苦手なので、遊具で遊ぶときや、自転車に乗るときに手間取ることがあります。

好ききらいがはげしい
ほとんど食べてないみたいだよ

すっぱいものはきらいだし、かたいものは食べにくい。ドーナッツとかも、手がよごれちゃうから食べたくないよ！

味覚（みかく）がびんかんな友だちもいます。味や見た目が苦手だったり、初めて見るものを食べられなかったりします。

part 3

知的障害って何?

6〜7ページで紹介した自閉スペクトラム症の特徴と合わせて、知的障害が現れる友だちがいます。知的障害とは、人が自立するために必要な能力の発達がおくれている障害です。

1 知的障害をともなう自閉スペクトラム症のある友だちの特徴

ことばを使うことが苦手

ことばをなかなか覚えられず、覚えてもその場に合った使い方がわからないので、会話が成立しません。ことばを話さない子もいます。

・何を言っているのかわからない
・ことばを話さない

こだわりが強い

回転いすを何度も回したり、せんぷうきをずっと見ていたり……。特定のものや行動に興味を示してこだわります。じゃまされるといやがります。

・フィギュアを種類別に並べる
・商品のラベルを暗記する
・好ききらいがはげしい

2 どうして知的障害が現れるのかな?

　自閉スペクトラム症のある子どもには、知的障害の特徴が一緒に現れることがあります。知的障害は脳や神経などの機能におくれがあるために現れる障害です。その子の育ったかんきょうや、やる気が原因ではありません。知的障害があるかどうかは、知能テストで出てくる、IQ（知能指数）の数値からわかります。

　知的障害のある友だちは、自分の気持ちをことばで伝えたり、みんなと一緒に勉強や活動をしたりすることがうまくできないため、専門家の特別なサポートが必要です。だから、知的障害をともなう自閉スペクトラム症のある子どもは、通常学級や通級ではなく、特別支援学級や特別支援学校で学んでいます。

part 4

自閉スペクトラム症のある友だち②

知的障害をともなう自閉スペクトラム症のある友だちが、気になる行動をするとき、何を考えて、どんなことに困っているのでしょうか。いろいろな場面での友だちの気持ちを考えてみましょう。

1 オウム返ししている
どうして同じことばを返しているの？

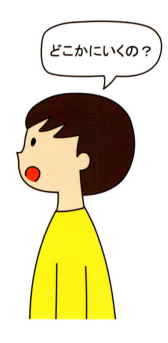

ん!?
先生、今、なんて言ったの？
くり返せばいいんだよね。
（先生のことばの意味ではなく、音に注目してしまう）

オウム返しをするのは、相手のことばを確認するからです。質問自体の意味がわからないなどの理由もあります。

考えてみよう　何でオウム返しをするのかな？

知的障害をともなう自閉スペクトラム症のある子どもは、ことばの発達がおくれていることがあります。中には、ほとんど会話ができない子や、声を発するだけの子もいます。また、ことばが話せる子でも、ことばの意味を理解したり、覚えたりすることが苦手な子も多くいます。

さらに、ことばが話せても、相手のことばをオウム返しで言ったり、一方的に話したり、知っていることを何度も質問したりすることがよくあります。「どうしてそんなことをするんだろう」と不思議に思うかもしれませんが、自閉スペクトラム症のある友だちは、このくり返しの中でことばを覚えていっているのです。

2 急に近づいてきてびっくり
気づいたら、そばにいた！

あっ！ かみかざり、かわいいな。わたしもそれほしい！
（興味がかみかざりに集中してしまい、ほかのことは目に入らない）

自分の好きなものを見つけたりすると、その好きなものに集中して、ほかが見えなくなることがあります。

3 急に手をにぎってきた
えっ！ 何？ どうしてほしいの？

取りたい本があるのに、手が届かなそう。助けてほしいな。
（何も言わずに友だちの手をにぎってしまう）

ことばで状況や気持ちを説明するのが難しいので、いきなり態度で示してしまうことがあります。こうした状態を、カナー現象といいます。

4 よくわからない動きをしているよ
どうして同じ動きをくり返すの？

こうしてゆらゆらゆれていると、なんだか気持ちよくて止められないんだ。
（いつまでもあきずに続けている）

同じ動きをくり返して、気持ちを落ち着かせる子がいます。不安なときにゆれる子も。同じ動きをくり返す理由は人それぞれです。

知っておこう　自閉スペクトラム症の合併症

自閉スペクトラム症のある子どもには、ほかの病気の症状も一緒に現れることがあります。例えば、てんかん。てんかんは脳の働きのかたよりが原因で起きます。

また、睡眠障害やチック症状、DCDをともなう子どももいます。障害の特徴が複数現れると、理解されるまでに時間がかかることがあります。

合併症の例

てんかん	脳の中で電流がショートしたような状態になって、急にたおれたり、口からあわをふいたりする。
睡眠障害	夜、ねむれなかったり、逆にねむりすぎて朝起きられなかったりするなど、睡眠のリズムがくずれやすい。
チック症状	急にまばたきをくり返したり、首をふり続けたりする。自分では、やめようと思ってもやめられない。
DCD（発達性協調運動障害）	手と足、目と手などを使って、異なる動きを一緒にする運動が苦手。または、そういった運動ができない。※DCDについては、『LD（学習障害）・ADHD（注意欠如・多動性障害）のある友だち』の巻に詳しくのっています。

part 5 進路と学校の取り組み

自閉スペクトラム症のある友だちは、知的障害をともなっているかどうか、また、ことばでのコミュニケーションがどの程度できるかによって、学校の選び方、その後の進路が変わります。

1 インクルーシブ教育

障害のある子どもたちの自立や、社会参加に向けた取り組みを支援するための教育のことを「特別支援教育」と呼んでいます。平成19年から、法律によってすべての学校で、この特別支援教育をさらにじゅうじつさせていくことが決められました。

そして近年、障害の有無にかかわらず、すべての子どもが同じ学級で学ぶような仕組みがつくられています。こういった教育を「インクルーシブ教育」と呼んでいます。学校では、学級担任だけでなく、学校全体で障害について理解し、その子に合った授業の進め方などを相談し合って、複数の先生が学校生活をサポートしています。

2 自閉スペクトラム症のある子の学ぶ場所

自閉スペクトラム症のある子どもが小中学校に進学するときは、知的障害があるかどうかや、ことばをどれくらい覚えていて、会話がどの程度できるかという基準に合わせて学校を選びます。

知的障害がなく、まわりの人との会話や読み書きがある程度できる子どもの多くは、小中学校の通常学級に通いながら、週1～数時間の通級にも通います。この場合、学級担任だけでなく、学校全体で障害について理解し、その子に合った授業の進め方を相談して、複数の先生が学校生活をサポートしていきます。

知的障害があったり、ことばでのコミュニケーションが難しかったりする場合は、特別支援学級や特別支援学校に通います。特別支援学級は、小中学校の中にあるクラスです。

特別支援学校は、知的障害や肢体不自由などのある子どもたちを対象にした学校で、自閉スペクトラム症のある子どもも含まれます。特別支援学級も特別支援学校も、障害に合わせた教育かんきょうが整っているため、指導が細やかです。

知的障害がない子 もしくは コミュニケーションがとりやすい子
- 通常学級
- 通級

知的障害がある子 もしくは コミュニケーションをとることが難しい子
- 特別支援学級
- 特別支援学校

3 中学卒業後の進路

　自閉スペクトラム症のある子どもが中学を卒業したあとに学ぶところは、いくつかあります。例えば、高校、高等専門学校、専修学校などです。

　高校生になるときは、小中学校のときのような特別支援学級や通級がなくなるため、障害のない子どもたちと一緒に学ぶか、特別支援学校で学ぶかを選びます。これまでは、特別な支援が必要な子どもは、夜間に学ぶ「定時制」や、家で学ぶ「通信制」に入学していました。

　しかし、近年では、自閉スペクトラム症などの発達障害へのサポート体制もあり、昼間にも障害のある人向けの特別なクラスを設ける学校が増えています。そういった学校は、「チャレンジスクール」などと呼ばれています。

小学校・中学校

通常学級
障害のない子どもたちと同じクラスで授業を受ける。障害のある子どもには、その子に合った授業内容や指導方法を工夫する。

通級
通常学級に通いながら、週1〜数時間ほど通う教室のこと。学習面のサポートや人の関わり方、集団でのルールなどを学ぶ。

特別支援学級
小中学校の中に設けられていて、障害のある友だちのための特別な授業をする学級。

高等学校

高等学校
平日の昼間に授業をする全日制や、夜間の定時制、昼間も開講する定時制のチャレンジスクールなどのほか、家で勉強する通信制もある。

高等専門学校（高専）
高等学校と専門学校を一体化させた学校。修業期間は高等課程3年と専門課程2年の計5年。

専修学校
働くために必要な専門的な授業をし、加えて、生活に必要な能力や教養を身につけるための教育をする学校。学校によって、芸術系や福祉系、医療系など、学ぶ内容が変わる。

特別支援学校

小学部・中学部・高等部
障害のある友だちが通う学校。障害の様子に合わせて、わかりやすい教材などを使った特別な授業をする。また、日常生活が送りやすくなるように、手先の使い方や、障害に合わせた食事や着替えの仕方など、暮らしに関係のある指導もする。

コラム
特別支援学校の取り組み

えびな支援学校は、神奈川県にある特別支援学校です。小学1年生から高校3年生までの知的障害や肢体不自由のある子どもたちが学んでいます。

1 神奈川県立えびな支援学校とは

えびな支援学校の知的障害部門のクラスには、知的障害に加えて、知的障害をともなう自閉スペクトラム症やダウン症、ADHD（注意欠如・多動性障害）などの発達障害のある子どもたちがいます。それぞれの苦手なことをサポートできるように、先生たちは授業の内容を工夫したり、手づくりの道具を用意したりして、授業をしています。クラスは少人数制で、子どもの特徴に合わせ、ひとりひとりに合った指導計画を立てて、進学から就労、自立までをサポートしています。

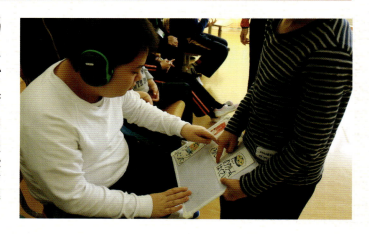

2 えびな支援学校のインクルーシブ教育

えびな支援学校では、「いのちを守り、育み、広げ、未来へつなぐ」をスローガンにして、インクルーシブ教育を取り入れています。その取り組みの1つが「いのちの授業」です。学校のとなりにある農業学校と合同で、高校の生徒が育てている動物を見たり、ふれたりする中で、命を大切にする心を育んでいます。

また、学校を開放して開催される「ふれあいサロン」は、地域に住む人たちに、いこいの場を提供するとともに、学校に通う子どもたちと地域に住む人たちとの交流の場になっています。

3 校舎の中を見てみよう

校舎は、学校に通う子どもたちの特性に合わせてつくられています。例えば、各教室の入り口には、何を勉強する場所かが視覚的にわかるように、教室名の文字にくわえて、教科のマークもえがかれています。また、発達障害のある子どもたちが、遊具を使いながら体の動かし方を学べる「プレイホール」もあります。

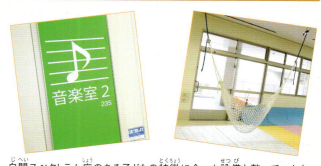

自閉スペクトラム症のある子どもの特徴に合った設備も整っています。

4 えびな支援学校の1日

朝の会
1日のスケジュールをみんなで確認します。聞くだけでなく、目で見てわかるように、ボードを使って説明しています。

授業風景
障害によって、授業を受けやすいかんきょうは変わります。集中しにくい子は、壁を向いて勉強することもあります。

月曜日の時間割

時刻	内容
9:00	朝の準備・体つくり
9:40	朝の会
10:10	数・ことば・給食準備・マイチャレンジ
11:30	給食
12:50	ふれあいタイム
13:20	図工
14:30	帰りの準備・帰りの会
14:50	下校

マイチャレンジ
得意分野をのばしたり、課題をこくふくしたりするための学習を個別に行っています。

楽しい行事 よつば祭
えびな支援学校で秋に開かれる文化祭。学校の施設を開放して、近隣学校の高校生や地域の住民を招きます。高等部の生徒がつくった野菜やクッキーの販売、動物ふれあいコーナー、演奏会などがあるので、にぎやかです。

インタビュー

先生からのメッセージ

えびな支援学校 統括教諭 高田君恵先生

　えびな支援学校には、いろいろな障害のある子どもたちが通っています。子どもによって特徴もさまざまで、自分の気持ちをことばにできる子もいれば、何も話さない子もいます。また、文字から情報を理解する子もいれば、絵や写真を見て理解する子もいます。だから、えびな支援学校では、みんなが同じように情報を得られるように共通のマークをつくっています。教えるときに気をつけているのは、その子の持っている力を発揮できるように、課題のハードルを高くしすぎたり低くしすぎたりしないことです。中でも大事にしているのは、できないことを手伝いすぎないということです。学校生活を通して「自分でできた」という達成感をたくさん感じて、自信をつけてもらいたいと思っています。

part 6 苦手をサポートする道具

自閉スペクトラム症のある友だちは、人とのコミュニケーションが苦手です。また、視覚や聴覚などがびんかんな友だちもいます。それらを補ってくれる道具を紹介しましょう。

1 日常生活に困っている友だちをサポートする道具

コミュニケーションを助ける絵カード

声以外で自分の意思を相手に伝えるための道具です。「何を」「どうしたい」の順番でカードを並べて、相手にわたして使います。

- 音声で意思を伝えるVOCAという道具もある
- スマートフォンのアプリを使う友だちもいる

時間管理ができるタイムタイマー

時間の経過を赤色で示して、目で見えるようにしています。設定した時間になったら音がなります。

- 時間の経過を知るために、砂時計を使うこともある
- ランプの点滅で時間を伝える時計もある
- 目覚まし時計のブザーでも代用できる

視覚でわかるスケジュール

「いつ」「どこで」「何をする」の目的別にカードに書き、見える場所に置いて使います。時間や行動を、時計や絵で視覚化して示せます。

- メモ帳とセロハンテープで代用できる
- ホワイトボードで代用してもよい

2 感覚がびんかんな友だちをサポートする道具

集中する力をサポート パーテーション

まわりの様子にびんかんな友だちのための仕切り板です。となりの様子が視覚的にさえぎられるので、授業に集中したり、リラックスしたりできるようになります。

- パーテーションにはかざりをつけない
- 床に置くタイプだけでなく、机に置くタイプもある
- ダンボールの素材を選べば、けがをしづらくなる

聴覚をサポート イヤーマフ

聴覚がびんかんな友だちが使う道具です。小さな音にも反応してしまうので、防音作用のあるイヤーマフで音をさえぎると、集中しやすくなります。

- 耳の聞こえ方がびんかんな子どもにおすすめ
- 使う前に、まわりに危険なものがないかどうかを確認することが必要

指先の動きをサポート くるんパス

手先を使うことが苦手で、細かい作業が苦手な子ども向けのコンパス。グリップをにぎって回すだけできれいに円が書けるので、算数や工作の授業で役立ちます。

- 指先を細かく動かすことが苦手な子どもにおすすめ
- やわらかい下じきをしくと、さらに書きやすくなる

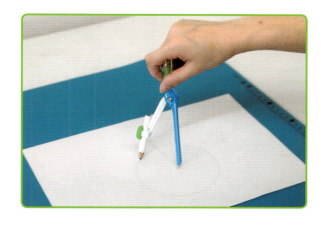

考えてみよう 困りごとの 手助けをする アイディアを探そう

自閉スペクトラム症は、外からはわかりにくい障害なので、一見、特に困っていないようにも見えますが、そうではありません。

例えば、目や耳、皮ふなどの感覚がびんかんなため、光や音などのしげきが強すぎて、自分の行動がコントロールできなくなることがあります。そのため、授業に集中しづらく、学習におくれが出やすいのです。また、知的障害のある友だちは、ことばが話せないこともあるので、会話以外のコミュニケーションが必要です。

だから、ここで紹介したような道具を使って、より授業に集中しやすいかんきょうをつくっています。障害に合った道具やかんきょうづくりを考えてみましょう。

part 7 地域のサポート

それぞれの地域では、自閉スペクトラム症をサポートする機関がたくさんあります。そして、それぞれの機関がおたがいに協力して、子どもたちを細やかに助けています。

1 地域ではどんなサポートをしているの？

　それぞれの地域では、自閉スペクトラム症をはじめとする、発達障害のある子どものための施設があります。施設は、市町村によって呼び名がちがっていて、「療育センター」や「児童発達支援センター」、「リハビリセンター」などと呼ばれています。このほかにも、児童相談所や福祉事務所など、さまざまな相談機関があります。

　また、施設や相談機関には、臨床心理士や医師などの専門家がいて、発達障害のある子どもの発達の様子や関わり方を相談できます。
　医師は問診や検査によって、障害の状態を確認します。そして、専門家はその子の苦手なことについて少しでも負担が軽くなるように、アドバイスや指導をしています。

自閉スペクトラム症のある子ども

教育機関

- **特別支援学校**
  障害がある子たちのための学校。特別な方法で指導をする。
- **教育委員会**
  子どもたちの保健、安全、健全育成のために、教育相談や就学相談をする。
- **小中学校**
  障害の程度に合わせて、通常学級、通級、特別支援学級で学ぶ。

福祉機関

- **発達障害支援センター**
  発達障害のある子どもとその家族を支援している。発達障害のある幼児から成人までが対象。
- **福祉事務所**
  障害に関する援助について相談できる。
- **児童相談所**
  18歳未満の子どものさまざまな問題について、相談にのっている。

医療保健機関

- **保健所**
  保健師が、発達におくれがある子どもや、障害のある子どものいる親の療育相談に応じている。
- **療育センター**
  発達障害のある子どもとその家族を支援している。発達障害のある幼児から小学生までが対象。

インタビュー　よこはま港南地域療育センターの取り組み

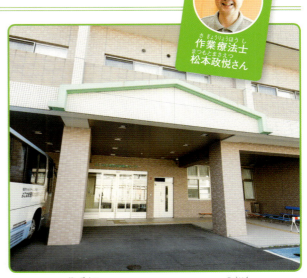

作業療法士　松本政悦さん

　私は、よこはま港南地域療育センターで働く作業療法士です。ここでは、横浜市内の担当地域で生活する子どもとその家族をサポートしています。対象となるのは、乳幼児から小学生までの、発達のおくれや障害のある子どもたちです。また、担当地域の医療機関や保健センター、児童相談所、幼稚園、保育所、小学校、特別支援学校などとも連携して、さまざまな場面で子どもたちが主体的に参加できるように支援しています。

　療育センターには、作業療法士のほかにも、医師、看護師、臨床心理士、理学療法士、言語聴覚士、ソーシャルワーカー、児童指導員、保育士、栄養士などのたくさんの種類の専門家が働いています。子どもたちの「自分はできる！」という自信とやる気を育てるために、職員全員で協力してさまざまな工夫をしながら、子どもたちをサポートしています。

子どもたちは保護者の送りむかえや、通園バスで療育センターに通う。

知っておこう　療育とは？

　障害のある子どもが、社会で自立できるように治療や教育をすることを「療育」といいます。療育は、小学校入学前の子どものために、国が用意したサービスで、地域の児童発達支援センターなどで受けられます。臨床心理士や医師、作業療法士、言語聴覚士などの専門家たちが、その子の苦手なことについて負担が軽くなるようにサポートします。

　療育には、子どもの年齢や発達のレベルに合ったクラスに分けて、集団で実施する集団プログラムと、作業療法士、言語聴覚士などの専門家が一対一で指導する個別のプログラムがあります。集団プログラムでの「運動遊び」では、リズムに合わせて体を動かしながら、体の使い方を身につけます。また、絵をかいたり折り紙を切りばりしたりして物をつくる「創作プログラム」では指先の動きを高めています。専門家による個別指導プログラムには、言語療法、作業療法などがあります。

専門家によるプログラム

言語療法
ことばの発達がおくれている子のためのトレーニング。身ぶりをして見せたり、絵などを見せたりしながら、ことばやコミュニケーション力を育てます。言語聴覚士がかかわっています。

感覚統合療法
手にさわる感覚や耳で聞く感覚などの五感からのしげきに対する体の反応を、生活しやすいように、適切な動作にまで導くトレーニング。さまざまなバランス遊具を使い、目と手などを同時に使う方法を教えます。作業療法士がかかわっています。

作業療法
食事のときの、スプーンやはしを使う練習や、服をひとりで着るための練習をサポートします。友だちと一緒に遊べるように内容も調整しています。感覚にかたよりがある場合は、感覚統合療法もします。

part 8 社会で働くために

学校を卒業したら、自閉スペクトラム症のある友だちも障害のない人たちとともに社会で働きます。社会で働くために、今からできることを知っておきましょう。

1 発達障害のある人の働く場所

「働く」ことは、人間として成長する手段であり、生きがいにつながります。しかし、発達障害は外からはわかりにくい障害なので、知的障害のない人の中には、障害のない人と就職試験などを一緒に受け、障害のない人と同じように仕事についている人がたくさんいます。

自閉スペクトラム症のある人は、視覚から情報を得る作業や、手順や規則がはっきりしている作業が得意だといわれています。

障害の有無にかかわらず、長所をいかせば、社会でいきいきと働くことができます。知的障害をともなう場合は、同じような障害のある仲間と一緒の場所で働くことが多いようです。

神奈川県を中心にした調査によると、横浜市内の35の会社で働く1600人の障害のある人たちのうち、約1400人に知的障害があったといいます。データからは、多くの障害のある人たちが得意なことをいかして働いていることがわかります。

知っておこう 障害のある人の就職を助ける仕事 NPO法人 障害者雇用部会の取り組み

NPO法人障害者雇用部会は、神奈川県を中心に活動している団体です。自閉スペクトラム症を中心に、知的障害や精神障害、肢体不自由のある人たちの支援やフォローをしています。

活動内容は主に4つあります。1つ目は、企業や学校に向けた講演会や勉強会の開催。2つ目は、企業と一緒になって雇用の場をつくる活動。3つ目は、生徒向けの企業体験実習をすること。そして4つ目は、支援ネットワークをつくる活動です。

会社や福祉関係者、教育関係者などが集まり、ノウハウや知識を集めて、障害のある人が働きやすい職場を見つけるサポートをしています。

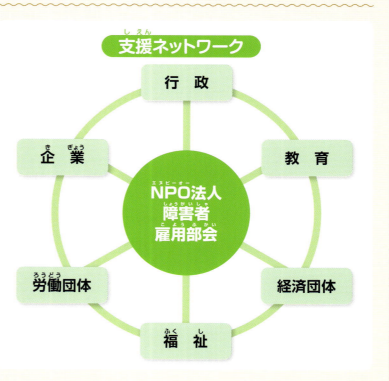

支援ネットワーク

2 障害のある子もない子も、今からできること

健康な体をつくる

毎日、決まった時間に起きて働き、必要な仕事をするには、健康な体づくりが大切。よく食べ、よく寝て、よく遊び、じょうぶな体をつくりましょう。

約束を守る

働くようになったら、与えられた量を決められた期日で終わらせないといけません。普段から、約束した期日を守る努力をするようにしましょう。

工夫する

はじめはだれでも、言われたことをこなすことでせいいっぱいです。効率よくできるように工夫する習慣をつけると、働くときに役立ちます。

人間関係を大切にする

仕事は、いろいろな人との共同作業です。だから、見えないところでも必ず誰かが支え、協力してくれています。人とのつながりを大切にしましょう。

考えてみよう　働くって何だろう？

社会に出て働くと、自分の存在を認めてくれる仲間と出会ったり、仕事を通して知らない世界と出合ったりします。また、社会の一員として、与えられた責任を果たすと、安心感やじゅうじつ感が味わえます。仕事をすることは、人生を豊かにすることでもあるのです。

そして実は、小中学生の間にも社会に出たときと同じような体験ができます。それは、宿題や家のお手伝いです。これらは、与えられた責任を果たしていく予行練習になります。

また、子どもの間に「できた」という体験をたくさんしていると、自信を持って社会に出られるようになるといわれています。だから今は、「できる」ことを1つずつ増やしていくときなのです。障害がある、ないにかかわらず、働くことは生きていくための活力になります。

part 9 仲よくすごすために

自閉スペクトラム症のある友だちには、苦手なことがいろいろあります。でも、まわりの人が障害の特徴を理解して上手につき合っていければ、苦手なことも克服できる力を持っています。

1 こんなことから始めよう

人々がおたがいに仲よく生きるための考えの1つに、ノーマライゼーションということばがあります。障害のある人や高齢者がまわりの人と対等に生きられる社会を実現するために、社会や福祉かんきょうを整備して、助け合い、行動するという考え方です。

そんな社会の実現のために、小中学生のみなさんが今できることを考えてみましょう。例えば、本などで調べて障害の特徴を理解し、障害は個性のひとつだと知ることや、障害のある子とおたがいに協力し、助け合い、しんらいできる人間関係をつくることなど、いろいろあります。誰もが平等に社会で生活が送れるように、今できることを始めましょう。

伝え方を工夫する

自閉スペクトラム症のある友だちに何かを伝えるときは、口で説明するだけではなく、伝えたいことを絵や写真にして見せたり、文字で書いて見せたりしましょう。目からの情報が加わると、より話の内容を理解しやすくなるからです。

変化させる前に知らせる

自閉スペクトラム症のある友だちは、急に予定が変更になったり、予想がつかない出来事があったりすると、不安になってパニックを起こしやすくなります。なるべく予定通りに行動するように心がけましょう。もしも変更になるときは、心の準備ができるようにできるだけ早めに伝えてください。

「ダメ」「できない」とは言わない

頭ごなしに「ダメ！」と言われると、自閉スペクトラム症のある友だちは、おこられているとかんちがいして、話の内容が頭に入らなくなります。例え希望通りにならなくても、「〇〇したかったんだよね」と気持ちを受け止めてから、「でも、できないんだよ」とやさしく伝えるようにしてください。

危険なときは声をかける

何かに夢中になって、危険な場所に入ろうとしていたり、危ない行動をしていたりする友だちを見かけたときは、やさしく声をかけて止めましょう。子どもだけで解決することが難しそうなときには、大人の手を借りてください。

大人に助けてもらう

友だちがパニックになって、泣いたり、暴れたりして、自分ではどうにもならなくなったときには、担任の先生や養護室の先生などの大人にどうしたらよいのかを相談してください。自閉スペクトラム症のある子は、静かに話を聞いてもらっているうちに少しずつ気持ちが収まってきて、いつもの状態にもどるはずです。

ここが知りたい　発達障害って治らないの？

発達障害のある子に苦手なことがあるのは、脳の働きがうまくいかないためだと考えられています。例えば、LD（学習障害）は読み書きが苦手、ADHD（注意欠如・多動性障害）は自分の行動をコントロールすることが苦手、DCD（発達性協調運動障害）は体を動かすことが苦手というように、障害によって苦手な部分がちがいます。

脳の働きは生まれつきのものなので、治りません。しかし、まわりが理解してサポートすれば、苦手なことが少しずつ減っていくことがあります。さらに、いろいろな経験をすることで、その子自身に障害とうまくつき合っていく力が身についていくのです。その子ができるようになるまで待ってあげましょう。

2 こういうときはどうする？ 学校編

＼知的障害のない みゆうさん／

 本を読んでいる友だち

みんなは校庭で遊んでいるのに、みゆうさんは教室に残り、ひとりで読書中。「みんなと一緒に遊ぼうよ」とさそっても知らんぷり。

- ひとりはさびしいと決めつけない
- 一度さそってみて断られたら、あとはしつこくさそわない

＼知的障害のない こうたくん／

 急な予定変更でパニック

今日は天気がよければ写生会の予定だったんだけど、雨が降ったから音楽の授業に変わっちゃった。でも、それをなかなか納得してくれないんだ。

- なるべく予定通りに行動できるようにする
- 変わるときは前もって知らせる

＼知的障害のある あゆみくん／

 手をつなぐのがいやそう

運動会のフォークダンスで、あゆみくんと手をつなごうとして手にさわったら、ビクッとして大暴れ。びっくりさせちゃったのかな。

- 「手をつなごう」と必ず声をかけてから手にさわる
- あゆみくんから手をにぎってもらうようにする

3 こういうときはどうする？ 放課後、遊び編

知的障害のない さとしくん

Q バスの一番前に行っちゃだめ

さとしくんの特等席はバスの一番前の座席。バスが混んでいるときでも、人をかき分けて好きな席に座ろうとするんだ。まわりの人も困り顔だよ。

- バス停で並んでいるときに、「順番に乗るんだよ」と教えてあげる
- バスの中では手をつなぐ

知的障害のない えりなさん

Q 早く来すぎだよ

昨日、先生は「明日はいつもより30分早く家を出るつもりで登校するように」と言ってたけど、遅刻させないための例え話なのがわからないみたい。

- 待ち合わせ時間や場所をわかりやすく伝える
- かんちがいの元なので、あいまいな指示はやめる

知的障害のある わたるくん

Q ずっとひとり言をいう

電車の中で、始発から終着までの駅名をぶつぶつつぶやくわたるくん。まわりの人は「なんだろう」とジロジロ見ているよ。

- わたるくんは、ぶつぶつ言っていると落ち着くということを理解する
- ジロジロ見ない

31

part 10

目に見えない障害

発達障害は、外からわかりにくい障害です。そのため、それぞれの障害ならではの苦手なことや困っていることをまわりに理解されにくい傾向があります。

1 外からわかりにくい障害

　車いすに乗っている人や、つえをついて歩いている人は、その姿を見れば、どんな障害があるのかがすぐにわかります。でも、自閉スペクトラム症をはじめとする発達障害は、脳の働きの障害なので、見た目だけでどんなことに困っているのかがなかなかわかりません。それは、日常生活の大部分が障害のない人と変わらない行動をしているからです。

　ただ、ふつうに過ごしているようにも見えますが、その子なりにがんばって生活しているのです。もし、まわりの人が理解していなければ、その子の心に苦しみが積み重なり、学校に行くのもつらくなります。つらさのあまり、二次障害に苦しむ友だちもいます。

2 サポートのすすめ

　発達障害のある友だちは、苦手なことがあり、その障害ならではのいろいろな苦労をしています。例えば、これまでのページにもあったように、集団のルールにしたがうことや予定外の出来事が起きたときに対処すること、相手の表情から気持ちを読み取ることなどが得意ではありません。そんな場面に出合ったら、その友だちが「どうしてそんなことをしたのかな？」と考えてみましょう。発達障害のある子の「あれ？　変だな」という行動には、必ず理由があるからです。考えてもわからないときは、その子の担任の先生に聞いてみましょう。

知っておこう　二次障害って何？

　二次障害とは、障害による苦手なことをまわりが理解し、対応できていないために、もともとの障害とは別に、二次的に心や行動に問題が出てしまうことをいいます。

　障害のある子の苦手なことを理解しない状況が続くと、本人は自信をなくしてしまいます。そして、自分を受け入れてくれないまわりの人たちにいかりがわいたり、悲しくなって、ひきこもりになったりしてしまう友だちがいます。内閣府発表の調査によると、発達障害のある人たちは、思春期・青年期以降にさまざまな二次障害や合併症を引き起こしやすいことがわかっています。

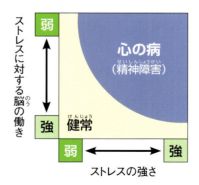

脳の機能とストレスへの強さ

参考：星野仁彦（福島学院大学　大学院附属心理臨床相談センター　心療内科医師）「ひきこもりと発達障害」（2011年）

part 11

心のバリアフリー

心のバリアフリーとは、障害のある、なしを区別しないようになることです。そのためには、障害のない人が障害のある人に持ってしまいがちなへんけんをなくすことが大切です。

1 4つのバリア

　バリアフリーということばを聞いたことがありますか？自分らしく生きていくために、壁（バリア）になるものをなくすことをバリアフリーといいます。
　障害のある人には、4つのバリアがあると言われています。1つ目は、物理的なバリア。車いすの人にとっての階段などのことです。2つ目は、情報のバリア。目や耳が聞こえないと、ほしい情報を受け取れないことがあります。3つ目は社会的・制度的なバリア。決まりやしきたりなどもそれに含まれます。そして4つ目は、心のバリアです。

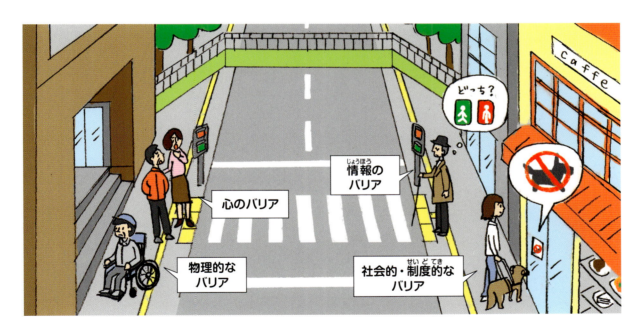

2 心のバリアフリー

　自閉スペクトラム症をはじめとする発達障害のある友だちにとっての最大のバリアは、心のバリアです。心のバリアとは、障害がない人が障害のある人に対して持つへんけんや無理解のことです。へんけんとは、かたよった見方や考え方のことをいいます。発達障害へのへんけんをなくすためには、まずは障害の特徴を理解することから始めましょう。どんなことが苦手で難しいことなのかを知り、その友だちに寄りそってください。
　特徴を理解していくと、「これって、ぼくも苦手なことだ」「わかる、わかる！　こうされると、わたしもいやだもん」などと気づくことがたくさんあるはずです。発達障害を知ることは、自分自身を知ることにもつながります。

文字が書きやすくなる姿勢トレーニング

正しく字を書くためには、座るときの姿勢が大切です。
自閉スペクトラム症のある友だちや、みなさんが今日からできるトレーニングを紹介します。

1 どうして姿勢が大事なの？

正しい姿勢で座る習慣をつけると、きれいな字が書けるようになります。

きれいで正しい字を書くために、まず気をつけるべきポイントは、座るときの姿勢です。姿勢が乱れていると、字が濃くなったり、うすくなったりします。猫背になると、黒板や先生を見るために、余計な力が入ってしまいます。その結果、気が散りやすくなり、書き順や形をミスしたり、先生の話を聞きもらしたりすることもあります。座り方が乱れることは、字を正しく書く以外に、学習にも悪影響が出るのです。

正しい姿勢とは、背筋が伸びていて、足裏が床についている状態です。字を書くときは体のいろいろな部位に力が入っています。しかし、背筋と足がしっかりしていれば、体がぐらついたり、まるまったりしません。姿勢がよいと、脳からの「字を書く」という命令がより早く体の各部位に届きます。体にもともと備わっているバランス感覚もよく働くので、字が書きやすくなります。

2 どっちが正しい座り方？

正しい姿勢は、左のイラストです。正しい姿勢で座るときのポイントは、いすに座るときの腰の位置です。例えば、浅めにいすに座って背筋がまるまっていると、猫背になってしまいます。また、足裏も床から浮いてしまいます。

いすに深く座り、腰（下腹部）をぐっと前に出すようにすると、姿勢よく座ることができます。自然と背筋が伸びて、足裏も床にぴったりとつき、座り方が安定します。

腰がまっすぐに起きていて、足裏も床についている正しい姿勢。

腰がうしろにまるまって、足裏が浮いている悪い姿勢。

知っておこう　正しい姿勢で座るためのポイントをおさらいしよう

❶ 腰を起こして座る

❷ 足で体を支えて、姿勢を安定させる

❸ 体が傾かないように、バランスを保つ

3　休み時間にやろう　足脚体操（あしあしたいそう）

足脚体操は、自分の脚のすねなどを足の裏や足の甲でこする3種類の体操です。3種類の中から自分がやりやすい体操を左右1回ずつ1セットとして、計4セット行います。ひざをあげたときに、背筋も一緒に伸びるので、背筋が伸び、体のバランスを保てるようになります。この体操は、靴のかかとを踏んだり、靴をすぐにぬいだりするような、足の裏の皮ふがびんかんな友だちにもおすすめです。

くるぶしの内側に足の裏を当てて、上に4回こすり上げていきます。同様に、逆の足でも行います。

くるぶしの外側に足の甲を当て、上に4回こすり上げていきます。同様に、逆の足でも行います。

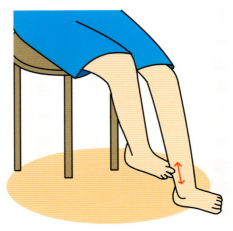

左足のアキレスけんを右足の親指と人差し指ではさみ、上下に4回動かします。同様に、逆の足でも行います。

4　これでリセット　腰浮かせセット（こしうかせ）

授業中に姿勢がくずれてきたときにおすすめの方法です。自分の姿勢が気になったら、いすの座面から中腰の状態におしりを浮かせて座り直しましょう。おしりを浮かすことが難しかったら、1度座り直してもよいです。こうすると腰の位置がリセットされ、また正しい姿勢に直ります。

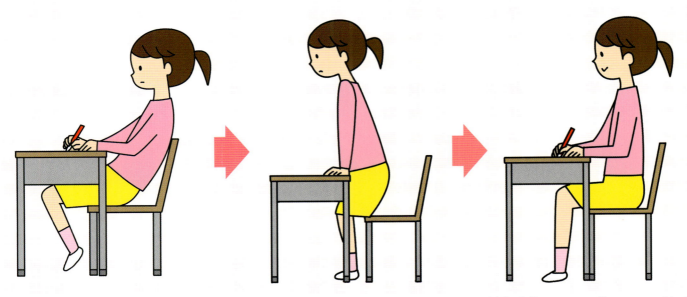

これは悪い姿勢です。座り方が浅く、腰が傾いているからです。　　リセットするために、中腰の状態になります。　　中腰の状態からそのまま腰を下ろすと、腰（下腹部）が少し前に出て、正しい姿勢になります。

支援する団体

自閉スペクトラム症のある友だちを支援する団体を紹介します。これらの団体は、支援活動のほか、さまざまな広報活動や交流活動などをしています。

1 一般社団法人 日本自閉症協会
自閉スペクトラム症　全国規模

自閉スペクトラム症をはじめとした発達障害のある人と、そのまわりのみんなが幸福に暮らせる社会の実現を望み、研究や調査、広報活動をしている団体。自閉スペクトラム症のある子どもを持つ親と専門家たちが協力して結成した。

[参加方法]ホームページの「入会のご案内」を参照。
http://www.autism.or.jp/

2 NPO法人 東京都自閉症協会
自閉スペクトラム症　東京都

自閉スペクトラム症のある子どもと大人、その家族とまわりのみんなが幸せに暮らせる社会の実現のために活動しているNPO法人。登山や夏合宿など、本人と一緒に参加できるレクリエーションや学習会、茶話会などを企画している。

[参加方法]ホームページの「参加・支援する」を参照。
http://www.autism.jp/

3 特定非営利活動法人 アスペ・エルデの会
自閉スペクトラム症、LD、ADHD　全国規模

対象は、自閉スペクトラム症(アスペルガー症候群)、発達障害全体。子どもたち・親の会・専門家・スタッフによって組織されており、発達障害のある人への生涯発達支援や専門家養成、当事者会などの活動をしている。

【参加方法】ホームページの「入会案内」を参照。
http://www.as-japan.jp/

4 自閉症スペクトラム児・者を支援する親の会オアシス
自閉スペクトラム症　大阪府および近畿圏域

大阪府および近畿圏域を中心に、自閉スペクトラム症のある人たちがより豊かで幸せにくらせる社会を目指して活動している。本人が自立するための支援「調理実習」や、親同士が意見交換できるサロンを開く活動などをしている。

[参加方法]ホームページの「参加しませんか?」を参照。
http://oasc.jp/

5 公益社団法人 全国手をつなぐ育成会連合会
知的障害　全国規模

知的障害のある子どもの親と関係者が「わが子にも教育を」「わが子にも人権と幸せを」と願って設立。インクルーシブ教育の推進や就労支援、地域生活支援や家族支援の強化など、障害のある人の権利擁護と政策提言を中心に活動している。

[参加方法]ホームページの「賛助会員募集中」を参照。
http://zen-iku.jp/

6 一般社団法人日本自閉症協会団体加盟会員 横浜市自閉症児・者親の会
自閉スペクトラム症　横浜市

横浜市に住んでいる自閉スペクトラム症のある子どもとその家族を応援している人たちの会。横浜市に暮らす自閉スペクトラム症のある子どもたちが、自分らしい生活を送ることができるように、障害の理解・啓発活動をしている。

[参加方法]ホームページの「入会のご案内」を参照。
http://www5d.biglobe.ne.jp/~yamabiko/

さくいん

ア行

IQ（知能指数） ･･･ 14
アスペルガー症候群 ･････････････････････････････････ 7, 36
医師 ･･･ 24, 25
イヤーマフ ･･ 23
インクルーシブ教育 ･･････････････････････････ 18, 20, 36
VOCA ･･ 22
ADHD（注意欠如・多動性障害） ･･････････････ 20, 29, 36
絵カード ･･ 22
LD（学習障害） ･････････････････････････････････ 29, 36
オウム返し ･･ 15

カ行

合併症 ･･ 17, 32
カナー現象 ･･ 16
感覚統合療法 ･･ 25
くるんパス ･･ 23
言語聴覚士 ･･ 25
言語療法 ･･ 25
高機能自閉症 ･･･ 7
心のバリアフリー ････････････････････････････････････ 33

サ行

作業療法 ･･ 25
作業療法士 ･･ 25
視覚 ･･･ 22, 23, 26
肢体不自由 ･･････････････････････････････････ 18, 20, 26
児童相談所 ･･････････････････････････････････････ 24, 25
児童発達支援センター ･･････････････････････････ 24, 25
自閉スペクトラム症 ･･････････････････ 4, 6～13, 15～17, 36
自閉スペクトラム症の特徴 ･･･････････････････ 8～13, 15～17
就職 ･･ 26
睡眠障害 ･･ 17
スケジュール ･･ 22
脊髄 ･･･ 6, 7
専修学校 ･･ 19
ソーシャルワーカー ･･････････････････････････････････ 25

タ行

タイムタイマー ……………………………………………………………… 22
ダウン症 ……………………………………………………………………… 20
チック症状 …………………………………………………………………… 17
知的障害 ………………………………… 7, 14, 15, 20, 23, 26, 30, 31, 36
チャレンジスクール ………………………………………………………… 19
中枢神経 ……………………………………………………………………… 7
聴覚 ………………………………………………………………… 4, 10, 22, 23
通級 …………………………………………………………………… 14, 18, 19, 24
通常学級 ……………………………………………………………… 14, 18, 19, 24
DCD（発達性協調運動障害）………………………………………… 17, 29
定時制 ………………………………………………………………………… 19
てんかん ……………………………………………………………………… 17
特別支援学級 ……………………………………………………… 4, 5, 14, 18, 19, 24
特別支援学校 …………………………………………………… 14, 18～20, 24, 25
特別支援教育 ………………………………………………………………… 18

ナ行

二次障害 ……………………………………………………………………… 32
脳 ………………………………………………………………………… 6, 7, 17
ノーマライゼーション ……………………………………………………… 28

ハ行

発達障害 ……………………………………………… 24, 26, 29, 32, 33, 36
発達障害支援センター ……………………………………………………… 24
バリアフリー ………………………………………………………………… 33
福祉事務所 …………………………………………………………………… 24
保健所 ………………………………………………………………………… 24
保健センター ………………………………………………………………… 25

マ行

味覚 …………………………………………………………………………… 13

ラ行

リハビリセンター …………………………………………………………… 24
療育 …………………………………………………………………………… 25
療育センター ………………………………………………………………… 24, 25
臨床心理士 …………………………………………………………………… 24, 25

監修

笹田 哲
神奈川県立保健福祉大学 教授／作業療法士

神奈川県立保健福祉大学保健福祉学部リハビリテーション学科作業療法学専攻教授。保健学博士。作業療法士として学校に訪問し、子どもたちの学習支援に取り組んでいる。『発達が気になる子の「できる」を増やすからだ遊び』（小学館）、『気になる子どものできた！が増える3・4・5歳の体・手先の動き指導アラカルト』『気になる子どものできた！が増える 書字指導アラカルト』（以上、中央法規出版）などの著書、監修書がある。

製作スタッフ

編集・装丁・本文デザイン
株式会社ナイスク　http://naisg.com
松尾里央　石川守延　飯島早紀　工藤政太郎

DTP
HOPBOX

イラスト
イイノスズ

取材・文・編集協力
白鳥紀久子

写真撮影
荒川祐史　中川文作

商品提供・取材協力・写真提供

石井一彰、石井知行
神奈川県立えびな支援学校
よこはま港南地域療育センター
NPO法人 障害者雇用部会
Shutterstock.com
アマナイメージズ

参考文献・サイト

『なにがちがうの？　アスペルガー症候群の子の見え方・感じ方』
内山登紀夫 監修、尾崎ミオ 編（ミネルヴァ書房）

『もっと知りたい！　アスペルガー症候群のおともだち』
内山登紀夫 監修、伊藤久美 編（ミネルヴァ書房）

『ふしぎだね!?　自閉症のおともだち』
内山登紀夫 監修、諏訪利明、安倍陽子 編（ミネルヴァ書房）

『もっと知りたい！　自閉症のおともだち』
内山登紀夫 監修、伊藤久美 編（ミネルヴァ書房）

『よくわかる発達障害［第2版］』
小野次朗、上野一彦、藤田継道 編（ミネルヴァ書房）

『家族のための　アスペルガー症候群・高機能自閉症がよくわかる本』
原仁 著（池田書店）

『発達障害のある人の就労支援』
梅永雄二 編著、拓植雅義 監修（金子書房）

『気になる子どものできた！が増える　書字指導アラカルト』
笹田哲 著（中央法規出版）

文部科学省ホームページ
http://www.mext.go.jp/

厚生労働省ホームページ
http://www.mhlw.go.jp/

東京都福祉保健局ホームページ
http://www.fukushihoken.metro.tokyo.jp/

知ろう！学ぼう！障害のこと
自閉スペクトラム症のある友だち

初版発行　2017年2月　　第4刷発行　2023年7月

監　修　　笹田哲
発行所　　株式会社金の星社
　　　　　〒111-0056　東京都台東区小島1-4-3
電　話　　03-3861-1861（代表）
ＦＡＸ　　03-3861-1507
振　替　　00100-0-64678
ホームページ　https://www.kinnohoshi.co.jp
印刷・製本　図書印刷株式会社

40p 29.3cm NDC378　ISBN978-4-323-05652-4
©Suzu Iino, NAISG Co.,Ltd., 2017
Published by KIN-NO-HOSHI-SHA Co.,Ltd, Tokyo, Japan.
乱丁落丁本は、ご面倒ですが、小社販売部宛にご送付ください。
送料小社負担にてお取替えいたします。

JCOPY　出版者著作権管理機構 委託出版物

本書の無断複写は著作権法上での例外を除き禁じられています。複写される場合は、そのつど事前に出版者著作権管理機構（電話 03-5244-5088　FAX03-5244-5089　e-mail: info@jcopy.or.jp）の許諾を得てください。

※ 本書を代行業者等の第三者に依頼してスキャンやデジタル化することは、たとえ個人や家庭内での利用でも著作権法違反です。

知ろう！学ぼう！障害のこと

【全7巻】シリーズNDC：378　図書館用堅牢製本　金の星社

LD（学習障害）・ADHD（注意欠如・多動性障害）のある友だち
監修：笹田哲（神奈川県立保健福祉大学 教授／作業療法士）

LDやADHDのある友だちは、何を考え、どんなことに悩んでいるのか。発達障害に分類されるLDやADHDについての知識を網羅的に解説。ほかの人には分かりにくい障害のことを知り、友だちに手を差し伸べるきっかけにしてください。

自閉スペクトラム症のある友だち
監修：笹田哲（神奈川県立保健福祉大学 教授／作業療法士）

自閉症やアスペルガー症候群などが統合された診断名である自閉スペクトラム症。障害の特徴や原因などを解説します。感情表現が得意ではなく、こだわりが強い自閉スペクトラム症のある友だちの気持ちを考えてみましょう。

視覚障害のある友だち
監修：久保山茂樹／星祐子（独立行政法人 国立特別支援教育総合研究所 総括研究員）

視覚障害のある友だちが感じとる世界は、障害のない子が見ているものと、どのように違うのでしょうか。特別支援学校に通う友だちに密着し、学校生活について聞いてみました。盲や弱視に関することがトータルでわかります。

聴覚障害のある友だち
監修：山中ともえ（東京都調布市立飛田給小学校 校長）

耳が聞こえない、もしくは聞こえにくい障害を聴覚障害といいます。耳が聞こえるしくみや、なぜ聞こえなくなってしまうかという原因と、どんなことに困っているのかを解説。聴覚障害をサポートする最新の道具も掲載しています。

言語障害のある友だち
監修：山中ともえ（東京都調布市立飛田給小学校 校長）

言葉は、身ぶり手ぶりでは表現できない情報を伝えるとても便利な道具。言語障害のある友だちには、コミュニケーションをとるときに困ることがたくさんあります。声が出るしくみから、友だちを手助けするためのヒントまで詳しく解説。

ダウン症のある友だち
久保山茂樹（独立行政法人 国立特別支援教育総合研究所 総括研究員）
村井敬太郎（独立行政法人 国立特別支援教育総合研究所 主任研究員）

歌やダンスが得意な子の多いダウン症のある友だちは、ダウン症のない子たちに比べてゆっくりと成長していきます。ダウン症のある友だちと仲良くなるためには、どんな声をかけたらよいのでしょうか。ふだんの生活の様子から探ってみましょう。

肢体不自由のある友だち
監修：笹田哲（神奈川県立保健福祉大学 教授／作業療法士）

肢体不自由があると、日常生活のいろいろなところで困難に直面します。困難を乗り越えるためには、本人の努力と工夫はもちろん、まわりの人の協力が大切です。車いすの押し方や、バリアフリーに関する知識も紹介しています。